おはなしドリル　ことわざのおはなし　小学1年

もくじ

1 あたま　かくして　しり　かくさず

おとうさんの　たんじょう日《び》に、おかあさんが　シュークリームを　たくさん　かって　きました。おとうさんは　シュークリームが　大《だい》すき。おとうさんの　たんじょう日《び》には、いつも　シュークリームが　たべほうだいなのです。

「おとうさんが　かえるまで、たべないでね。」

おかあさんが　いいました。

「でも　一《いっ》こぐらいなら、ばれないよね。」

おかあさんが　目《め》を　はなした　すきに、かほは　一《ひと》つ　こっそり　たべて　しまいました。たべた　ことが　わからないように、ふくろは　きちんと　ごみばこに　すてました。そこへ、おかあさんが　きました。

読《よ》んだ日《ひ》　　月《がつ》　　日《にち》

❶ かほが　こっそり　たべた　のは、なんですか。

（　　　　　　　　）

❷ おかあさんは、なにを　見《み》て、かほが　たべた　ことを　しりましたか。一《ひと》つに　○を　つけましょう。

ア　ごみばこに　すてた　ふくろ。

イ　口《くち》の　はしに　ついた　クリーム。

ウ　かほの　びっくりした　かお。

「あら、口《くち》の　はしに　ついて　いる　クリームは、なあに？」

「あ、ばれちゃった！」

「ふくろは、すてたのね。もう、『あたま　かくして　しりかくさず』なんだから。」

おかあさんは　わらいました。

「『あたま　かくして　しりかくさず』とは、一《いち》ぶぶんが見《み》えて　いるのに、ぜんぶ　かくした　つもりに　なって　いると　いう　いみなのよ。」

と、おかあさんは　おしえて　くれました。

その　よる、かほは、おとうさんと　シュークリームを　おなかいっぱい　たべました。

❸「あたま　かくして　しりかくさず」とは、どんな　いみですか。（　）に　あう　ことばを　かきましょう。

・「（　　　）が見《み》えて　いるのに、（　　　）かくしたつもりに　なって　いる」と　いう　いみ。

2 いそがば まわれ

ある あさの ことです。ねぼうした りこは、学校《がっこう》への みちを いそいで いました。すこし まえを はしって いた、おなじ クラスの ともきが いいました。

「まにあわない！ ぼくは ちかみちで いくぞ。」

りこも、ちかみちを いこうかと まよいましたが、つうがくろを いそぐ ことに きめました。そして、なんとか まにあいました。でも、ともきは まだ きょうしつに いませんでした。

先生《せんせい》が しゅっせきを とりはじめた ころ、ともきが あわてて やって きました。

「はあ、つかれた。ちかみちが、こうじ中《ちゅう》で とおれなかったよ。」

読《よ》んだ日《ひ》　　月《がつ》　　日《にち》

❶ りこが 学校《がっこう》への みちを いそいで いたのは、なぜですか。（　）に あう ことばを かきましょう。

・（　　　　）して、ちこくしそうだったから。

❷ ちかみちを とおったのは、どちらですか。あう ほうに ○を つけましょう。

ア ともき

イ りこ

先生《せんせい》が　いいました。

「つうがくろを　こなかったのか？　いけないぞ。『いそがば　まわれ』と　いうだろう。」

「いそがば　まわれ」とは、いそいで　あぶない　ほうほうを　とるより、じかんが　かかっても　あんぜんな　ほうほうを　とった　ほうが、かえって　早《はや》く　できると　いう　いみです。

「いそぐ　ときほど、とおまわりを　すると　いうと、なんだか　ふしぎな　気《き》が　するけど、あんぜんが　だいじって　いう　ことなんだね。これからは、気《き》を　つけるよ。」
ともきが　いうと、みんなも　うなずきました。

❸「いそがば　まわれ」とは、どんな　いみですか。（　）に　あう　ことばを　かきましょう。

・「いそいで（　　　）ほうほうを　とるより、じかんが　かかっても（　　　）な　ほうほうを　とった　ほうが、かえって　早《はや》く　できる」と　いう　いみ。

3 ねこの くびに すずを つける

むかし、ねずみたちが なんびきか あつまって、しんけんに はなしあいを して いました。

「きょうも、ねこに おいかけられたよ。もうすこしで、たべられて しまう ところだったわ。」

「音《おと》も なく、ちかづいて くるから、こわいね。なんとか ならない ものかなあ。」

どう したら、ねこに たべられずに すむのか、よい かんがえは なかなか 出《で》て きません。そのうち、一《いっ》ぴきの ねずみが いいました。

「よい ことを おもいついたぞ！ ねこの くびに すずを つけたら、どうだろう。」

「なるほど！ そう したら、すずの 音《おと》で ねこが どこに いるか、いつでも わかるね。」

読《よ》んだ日《ひ》　月《がつ》　日《にち》

❶ ねずみに とって、ねこが きけんなのは、なぜですか。一《ひと》つに ○を つけましょう。

ア からだが 大《おお》きいから。

イ 大《おお》きな こえで なくから。

ウ ねずみを たべるから。

❷ 一《いっ》ぴきの ねずみが おもいついたのは、どんな ことですか。（　）に あう ことばを かきましょう。

・ねこの くびに

（　　　　）を つける こと。

「もっと　早《はや》く　おもいつけば　よかった。」
みんなで　わいわい　もり上《あ》がって　いると、一《いち》ばん　年上《としうえ》の　ねずみが　ぼそっと　つぶやきました。
「でも、いったい　だれが、ねこの　くびに　すずを　つけに　いくのだい？」
それを　きいて、ねずみたちは　いっぺんに　げん気《き》を　なくして、だまりこんで　しまいました。
この　はなしを　もとに、「ねこの　くびに　すずを　つける」と　いう　ことわざは、よい　かんがえだけれど、おこなうのは　むずかしいと　いう　いみで　つかわれるように　なりました。

❸ ねずみたちが　げん気《き》を　なくしたのは、だれの　ことばを　きいたからですか。あう　ほうに　○を　つけましょう。

ア　わかい　ねずみ。
イ　一《いち》ばん　年上《としうえ》の　ねずみ。

❹「ねこの　くびに　すずを　つける」とは、どんな　いみですか。（　）に　あう　ことばを　かきましょう。

・「よい　かんがえだけれど、
おこなうのは
（　　　　）
と　いう　いみ。」

4 たなから　ぼたもち

きょうは、うんどうかい。あかねは、リレーで赤《あか》ぐみの　アンカーです。白《しろ》ぐみの　アンカーは、学年《がくねん》で　一《いち》ばん　足《あし》の　はやい　ぎんちゃん。

「れんしゅうでも、いつも、ぎんちゃんが　一《いち》ばん、わたしが　二《に》ばんだったからなあ。きょうも、ぎんちゃんには　かてないだろうなあ。」

いよいよ、あかねの　はしる　ばんに　なりました。ぎんちゃんは、あかねの　ずっと　まえをはしって　います。

「やっぱり、むり。はやくて　おいつけないや。」

あかねが　そう　おもった　ときです。ぎんちゃんが　ころぶのが　見《み》えました。気《き》が　つくと、あかねは　一《いち》ばんで　ゴールして　いました。

読《よ》んだ日《ひ》　月《がつ》　日《にち》

❶ あかねと　ぎんちゃんは、なにの　アンカーですか。

（　　　　）

❷ れんしゅうの　ときに　いつも　一《いち》ばんだったのは、だれですか。

（　　　　）

❸ あかねが　一《いち》ばんで　ゴールできたのは、なぜですか。一《ひと》つに　○を　つけましょう。

「赤《あか》ぐみの　かちだ！　ばんざあい。」

おべんとうの　じかんに、おかあさんが　いいました。

「あかね、きょうの　リレーで　かてた　ことは、『たなから　ぼたもち』だったわね。」

「『たなから　ぼたもち』って？」

あかねが　きくと、おとうさんが、

「なにも　しないのに、おもいがけない　しあわせに　あう　ことと　いう　いみだよ。」

と、おしえて　くれました。

「へえー。……わ、ぐうぜん！　きょうの　おべんとうには　ぼたもちが　入《はい》って　いるんだね。ぎんちゃんにも　あげて　こようっと！」

あかねは、げん気《き》に　はしって　いきました。

＊アンカー……リレーで、さいごに　はしる　人《ひと》。

ア　まい日《にち》　れんしゅうして　いたから。

イ　まえを　はしって　いた　ぎんちゃんが　ころんだから。

ウ　みんなに　おうえんされて　やる気《き》が　出《で》たから。

❹「たなから　ぼたもち」とは、どんな　いみですか。（　）に　あう　ことばを　かきましょう。

・「なにも　しないのに、おもいがけない
（　　　　）に
あう　こと」と　いう　いみ。

5 えびで　たいを　つる

　なつ休《やす》み、ひろとは　早《はや》おきを　して、かぶと虫《むし》を　とりに　出《で》かけました。ぶなの　木《き》を　さがすと、かぶと虫《むし》は　たくさん　見《み》つかりました。

ひろとは、なんびきか　つかまえると、しいくケースに　入《い》れて、かえりました。

　おひるすぎ、だいきが　あそびに　きました。

「あ、かぶと虫《むし》！　かっこいいな。」

　だいきが　ほしそうに　して　いたので、ひろとは　一《いっ》ぴき　あげました。

　夕《ゆう》がた、げんかんの　チャイムが　なりました。だいきの　おかあさんが、メロンを　もって　立《た》って　いました。

「ひるまは、ありがとう。かぶと虫《むし》を　いただい

❶ ひろとは、かぶと虫《むし》を　どこで　見《み》つけましたか。

（　　　　）

❷ ひろとは、だいきに　なにを　あげましたか。

（　　　　）

❸ 「えびで　たいを　つる」とは、どんな　いみですか。（　）に　あう　ことばを　かきましょう。

読《よ》んだ日《ひ》　月《がつ》　日《にち》

て、だいきは、大《おお》よろこびして　いるわ。」

「まあ。『えびで　たいを　つる』ような　ことに　なっちゃって。ありがたく、いただきます。」

ひろとの　おかあさんは、そう　いって、メロンを　うけとりました。

「えびで　たいを　つる」とは、わずかな　もので、とても　ねうちの　ある　ものを　手《て》に　入《い》れると　いう　いみです。やすくて　小《ちい》さな　えびを　えさに　して、りっぱな　たいを　つり上《あ》げる　ことから　生《う》まれた　ことわざです。

その　日《ひ》、かぞくで　メロンを　たべました。

「こんなに　おいしい　メロンは、はじめてだ。」

と、ひろとは　おもいました。

・「（　　　　）で、とても　ねうちの　ある　ものを　手《て》に　入《い》れる」と　いう　いみ。

4 この　おはなしで、「たい」に　あたる　ものは、なんですか。一《ひと》つに　○を　つけましょう。

ア　かぶと虫《むし》
イ　メロン
ウ　えび

6 まけるが　かち

おやつの　じかん。おにいちゃんの　ゆうごと
おとうとの　そうたは、大《だい》すきな　クッキーを
たべて　いました。

ふと　気《き》が　つくと、クッキー
は　のこり　一《ひと》つ。

「じゃんけんで　かった　ほうが
たべようよ！」

と、そうたが　いうので、じゃん
けんを　する　ことに　しました。

でも、クッキーを　たべたそう
に　して　いる　そうたを　見《み》た　ゆうごは、わ
ざと　あと出《だ》しを　して　まけて　あげました。

「わあい！　ぼくの　かち！　いただきまあす。」

読《よ》んだ日《ひ》　月《がつ》　日《にち》

❶ ゆうごが　じゃんけんで　そうたに　まけて　あげたのは、なぜですか。一《ひと》つに　◯を　つけましょう。

ア　クッキーは　あまり　すきでは　ないから。

イ　そうたが　クッキーを　たべたそうだったから。

ウ　べつの　おかしを　たべれば　よいと　おもったから。

❷「まけるが　かち」とは、どんな　いみですか。（　　）に　あう　ことばを　かきましょう。

よろこぶ　そうたを　見《み》た　ゆうごは、

「よかった。でも、ぼくも　たべたかったな。」

と、すこし　ざんねんな　気《き》もちに　なりました。

そんな　二人《ふたり》を　見《み》て　いた　おかあさんが、

「ゆうごは　とても　えらかったね。『まけるが　かち』と　いう　ことわざは　しってる？」

と、ききました。ゆうごが　くびを　ふると、

「あいてと　むりに　あらそわないで、ゆずって　まけて　おく　ことが、けっきょくは　かちに　なると　いう　いみなんだよ。」

と、おしえて　くれました。そして、そうたに　ゆずって　あげた　ごほうびに、クッキーを　二《ふた》つ　くれました。ゆうごは、おかあさんに　ほめられた　ことが　うれしくて、とても　しあわせな　気《き》もちに　なりました。

・「（　　　）と　むりに　あらそわないで、ゆずって　まけて　おく　ことが、けっきょくは　（　　　）に　なる」と　いう　いみ。

❸ この　おはなしで、「かち」に　あたる　ほうに　○を　つけましょう。

ア　じゃんけんで　あと出《だ》しを　した　こと。

イ　おかあさんに　クッキーを　二《ふた》つ　もらった　こと。

7 さるも 木《き》から おちる

まなみは、三《さん》さいの ときから ピアノを ならって います。七《なな》さいに なった いまでは、とても じょうずに なって、むずかしい きょくも ひけるように なりました。

学校《がっこう》の 音《おん》がくかいで、まなみは ピアノの ばんそうを する ことに なりました。みんなが うたうのに あわせて ピアノを ひくのは、たのしい ものです。

でも、音《おん》がくかいの 日《ひ》、きんちょうした まなみは、とちゅうで とまって しまいました。ピアノの ばんそうなしで、みんなの うたう こえだけが ひびきました。

おわってから、しょんぼりして いる まなみ

読《よ》んだ日《ひ》　月《がつ》　日《にち》

❶ まなみは、音《おん》がくかいで なにを する ことに なりましたか。

（　　　　　）

❷ 音《おん》がくかいが おわった あと、まなみが しょんぼりして いたのは、なぜですか。一《ひと》つに ○を つけましょう。

ア みんなの うたう こえと ずれて しまったから。

イ とちゅうから まちがえて ひいて しまったから。

に、先生《せんせい》が　やさしく　こえを　かけました。
「『さるも　木《き》から　おちる』って　いうものね。
気《き》に　しないで、また、がんばってね。」
「さるも　木《き》から　おちる」
と　いう　ことわざは、どんな
名人《めいじん》でも　しっぱいする　こと
が　あると　いう　いみです。
木《き》のぼりが　じょうずな　さる
でも、木《き》から　おちる　ことが
ある　ことから　できました。
にた　いみの　ことわざも、たくさん　ありま
す。「かっぱの　川《かわ》ながれ」「*弘法《こうぼう》にも　ふでの
あやまり」「じょうずの　手《て》から　水《みず》が　もる」
などです。それだけ　名人《めいじん》でも　しっぱいする
ことが　あると　いう　ことでしょう。

*弘法《こうぼう》……むかしの　おぼうさんで、字《じ》が　じょうずだった。

ウ　きんちょうして、とちゅうで　ひけなく　なって　しまったから。

❸「さるも　木《き》から　おちる」とは、どんな　いみですか。（　）に　あう　ことばを　かきましょう。

・「どんな（　　）でも（　　）する　ことが　ある」と　いう　いみ。

8 なきっつらに はち

気《き》もちの よい あきの 日《ひ》です。えいたは、かぞくで 山《やま》へ ハイキングに 出《で》かけました。

「きねんしゃしんを とりましょう。おとうさん、もう ちょっと うしろに 下《さ》がって。」

おかあさんが いいました。そこで、おとうさんが うしろに 下《さ》がると、ちょうど 空《そら》からの おとしものが ポトン。とりの ふんでした。

「やられた！」

おとうさんは びっくりして、ちかくの くりの 木《き》に ぶつかって しまいました。すると、

「いたい！」

木《き》から、くりの いがが おちて きて、おとうさんの あたまに あたりました。

読《よ》んだ日《ひ》　月《がつ》　日《にち》

❶ おとうさんの あたまに さいしょに おちて きた ものは、なんですか。

（　　　　）

❷ おとうさんの あたまに つぎに おちて きた ものは、なんですか。

（　　　　）

❸ 「なきっつらに はち」とは、どんな いみですか。

（　）に あう ことばを

「まあ、まさに『なきっつらに
はち』ね。」

おかあさんが　いいました。

「なきっつらに　はち」とは、よく　ない　ことの　うえに、さらに　しんぱいごとや　くるしみが　かさなる　ことと　いう　いみです。「よわり目《め》にたたり目《め》」も、にた　いみの　ことわざです。

しゃしんを　とった　あと、山《やま》で　くりを　たくさん　ひろって　かえりました。そして、おかあさんが　くりごはんを　つくって　くれました。

「おいしいなあ。いろいろ　あったけれど、やっぱり　山《やま》に　いって　よかったよ。」

おとうさんも　まんぞくそうに　いいました。

かきましょう。
・「（　　　）の　うえに、さらに　しんぱいごとや　くるしみが（　　　）こと」と　いう　いみ。

❹「なきっつらに　はち」と　にた　いみの　ことわざは、なんですか。一《ひと》つに　○を　つけましょう。

ア　よわり目《め》に　たたり目《め》
イ　さるも　木《き》から　おちる
ウ　たなから　ぼたもち

9 ちりも　つもれば　山《やま》と　なる

一年生《いちねんせい》に　なってから、ゆいなは　おこづかいを　もらいはじめました。

おこづかいと　いっても、一《いっ》か月《げつ》に　きまったお金《かね》を　もらうのでは　ありません。ごはんのあと、おさらを　下《さ》げたら　五円《ごえん》。せんたくものを　たたんだら　十円《じゅうえん》。にわの　草《くさ》とりを　したら　二十円《にじゅうえん》……と、おかあさんが　きめて　くれたのです。ゆいなは、それを　こつこつと　ちょ金《きん》ばこに　ためて　いきました。

もう　すぐ　いもうとの　三《さん》さいの　たんじょう日《び》。ゆいなは、おもちゃを　プレゼントしたいと　おもいました。でも、その　おもちゃは、五《ご》百円《ひゃくえん》も　します。

❶ ゆいなは、つぎの　ことを　すると、いくら　おこづかいを　もらえるのですか。それぞれ、（　）に　あう　ことばを　かきましょう。

㋐おさらを　下《さ》げる。（　　　）

㋑せんたくものを　たたむ。（　　　）

㋒にわの　草《くさ》とりを　する。（　　　）

読《よ》んだ日《ひ》　月《がつ》　日《にち》

どきどきしながら　ちょ金《きん》ばこを　あけて、お金《かね》を　かぞえて　みました。すると、あげたいと　おもった　おもちゃを　かうのに　じゅうぶんな　お金《かね》が　たまって　いました。

おかあさんが　いいました。

「『ちりも　つもれば　山《やま》と　なる』だね。」

「ちりも　つもれば　山《やま》と　なる」は、ほんの　わずかな　ものでも、つもって　かさなれば　大《おお》きな　ものに　なると　いう　いみです。

「こつこつと　ためた　お金《かね》を、いもうとの　ために　つかうなんて　やさしいね。」

おかあさんに　そう　いわれて、ゆいなは　うれしく　なりました。

❷「ちりも　つもれば　山《やま》と　なる」とは、どんな　いみですか。（　）に　あう　ことばを　かきましょう。

・「ほんの（　　　）ものでも、つもって　かさなれば（　　　）ものに　なる」と　いう　いみ。

❸この　おはなしで、「ちり」に　あたる　ものは、なんですか。一《ひと》つに　○を　つけましょう。

ア　ちょ金《きん》ばこ

イ　お金《かね》

ウ　おもちゃ

10 早《はや》おきは 三文《さんもん》の とく

あさです。日《にち》よう日《び》なのに、しょうたは 早《はや》く目《め》が さめました。そとは よい お天気《てんき》です。しょうたは、おとうさんと さんぽに いくことに しました。

あさの 空気《くうき》は、一日《いちにち》の 中《なか》で 一《いち》ばん おいしい 気《き》が します。みちばたに きれいな 花《はな》を 見《み》つけたときです。

「おはよう。しょうたくん、早《はや》おきね。」

犬《いぬ》の さんぽを して いる、おなじ クラスの はるなに あいました。

❶ あさ、しょうたは だれと さんぽに いきましたか。

（　　　　）

❷ 「早《はや》おきは 三文《さんもん》の とく」とは、どんな いみですか。一《ひと》つに ○を つけましょう。

ア あさ 早《はや》く おきると、おいしい 空気《くうき》が すえる。

イ あさ 早《はや》く おきると、あいたい 人《ひと》に あえる。

ウ あさ 早《はや》く おきると、なにか よい ことが ある。

読《よ》んだ日《ひ》　月《がつ》　日《にち》

「おはよう、はるなちゃん。」

しょうたも　げん気《き》に　あいさつを　しました。

「かわいいね。あの　子《こ》が　すきな　子《こ》かい？」

おとうさんが　にやにやするので、しょうたはかおを　赤《あか》く　しました。

「あさの　さんぽは　気《き》もちが　いいなあ。まさに、『早《はや》おきは　三文《さんもん》の　とく』だね。」

と、おとうさんが　いいました。

「早《はや》おきは　三文《さんもん》の　とく」の　「文《もん》」とは、むかしの　お金《かね》の　たんいで、「三文《さんもん》」は、わずかな　お金《かね》の　ことです。いまでも、お金《かね》が　まったく　ない　ことを　「一文《いちもん》なし」と　いいます。

あさ　早《はや》く　おきると、たとえ　すこしでも、なにか　よい　ことが　あると　いうのが、このことわざの　いみです。

❸「三文《さんもん》」とは、どんな　お金《かね》の　ことですか。あう　ほうに　○を　つけましょう。

ア　たくさんの　お金《かね》。

イ　わずかな　お金《かね》。

❹この　おはなしで、「三文《さんもん》の　とく」に　あたる　ことは、なんですか。（　）に　あう　ことばを　かきましょう。

（　　　　）の　はなと　いう　すきな　女《おんな》の　子《こ》に　あった　こと。

11

人《ひと》の ふり 見《み》て わが ふり なおせ

きゅうしょくの じかん。そうすけは、そわそわして いました。きょうの デザートは、大《だい》すきな フルーツポンチ。早《はや》く たべおわった 人《ひと》から、おかわりが できるのです。

パン、からあげ、やさいスープに ぎゅうにゅう。そうすけは むちゅうで たべはじめました。

ななめまえの せきの てつろうは、パンを まるごと 口《くち》に 入《い》れようと して います。

「てつろうくん、パンを 一口《ひとくち》で たべようと するなんて、あぶないなあ。でも ぼくだって！」

読《よ》んだ日《ひ》　　月《がつ》　　日《にち》

❶ きゅうしょくの じかんに、そうすけが そわそわして いたのは、なにを したいからですか。一《ひと》つに ○を つけましょう。

ア てつろうの まね。

イ パンの まるのみ。

ウ デザートの おかわり。

❷ 「人《ひと》の ふり 見《み》て わが ふり なおせ」とは、どんな いみですか。（　）に あう ことばを かきましょう。

・「（　　　　）の

そうすけも　まねを　しようと　した、その
ときです。先生《せんせい》の　こえが　しました。
「『人《ひと》の　ふり　見《み》て　わが　ふり　なおせ』で
すよ。一気《いっき》に　口《くち》に　入《い》れて、パンを　のどに
つまらせたら　あぶないですよ！」
「人《ひと》の　ふり　見《み》て　わが　ふり　なおせ」と
いう　ことわざは、ほかの　人《ひと》の　おこないを
見《み》て、じぶんの　おこないの　わるい　ところを
正《ただ》せと　いう　いみです。
そうすけは、先生《せんせい》の　一《ひと》ことで、あわてて　パ
ンを　一口《ひとくち》で　たべるのを　やめました。
そして、その　日《ひ》から、あまった　デザートを
たべる　人《ひと》は、じゃんけんで　きめると　いう
きまりが　できました。

おこないを　見《み》て、じぶん
の　おこないの　（　　　）
ところを　正《ただ》せ」と　いう
いみ。

❸ この　おはなしで、「人《ひと》の
ふり」に　あたる　ことは、
なんですか。（　）に　あう
ことばを　かきましょう。
・（　　　）を　まるごと
（　　　）に　入《い》れようと
する　こと。

12

かわいい 子《こ》には たびを させよ

まほと あおいは、大《だい》の なかよし。

「二人《ふたり》で りょこうを したいね。」

なんて、はなして います。それを きいて、まほの おかあさんが いいました。

「まだ 一年生《いちねんせい》だから、りょこうは むりだけど、スイミングスクールに 二人《ふたり》で いって、かえって くるって いうのは、どう？」

「『かわいい 子《こ》には たびを させよ』と いうしね。」

と、あおいの おかあさんも さんせいしました。

「かわいい 子《こ》には たびを させよ」とは、子《こ》どもを 本《ほん》とうに かわいいと おもうならば、あまやかさないで、くろうを させた ほうが

❶ まほと あおいは、二人《ふたり》で なにを したいと はなして いましたか。

（　　　　）

❷ まほと あおいに、おかあさんたちが すすめたのは、どんな ことですか。（　）に あう ことばを かきましょう。

（　　　　）に 二人《ふたり》で いく こと。

読《よ》んだ日《ひ》　月《がつ》　日《にち》

よいと　いう　いみの　ことわざです。いまとちがって、むかしは　車《くるま》も　でん車《しゃ》も　なく、たびを　するのは　大《たい》へんで　あった　ことから、この　ことわざが　生《う》まれました。

こうして　まほと　あおいは、二人《ふたり》で　スイミングスクールの　バスに　のって　出《で》かけ、そして　かえって　くるように　なりました。

「おもったより、たいへんだよ。バスに　まにあうように　したくしなきゃ　いけないからね。」

まほと　あおいは、口《くち》を　とがらせて　います。

「わがままも　いうけれど、二人《ふたり》とも　まえよりも　しっかりして　きたみたいね。」

二人《ふたり》の　おかあさんは、にっこりしました。

❸「かわいい　子《こ》には　たびを　させよ」とは、どんな　いみですか。あう　ほうに　○を　つけましょう。

ア　かわいい　子《こ》は、あまやかした　ほうが　よい。

イ　かわいい　子《こ》には、くろうを　させた　ほうが　よい。

❹　むかしの　人《ひと》に　とって、たびは　どんな　ことでしたか。あう　ほうに　○を　つけましょう。

ア　大《たい》へんな　こと。

イ　かんたんな　こと。

雨《あめ》ふって 地《じ》かたまる

休《やす》みじかんの ことです。いつきと はやとが、けんかを はじめました。

「おすなよ、なに するんだ。」

「そっちこそ やったな。」

なかなか けんかを やめない 二人《ふたり》は、校《こう》ちょうしつへ つれて いかれて、たっぷりと しかられました。二人《ふたり》で きょうしつに もどる とき、はやとが いいました。

「ぼくが おしたのが わるかったよ。ごめん。」

「わざとじゃ ないのに、やりかえした ぼくが いけなかったんだ。ごめん。」

と、いつきも いいました。二人《ふたり》は にっこり わらって なかなおりしました。

読《よ》んだ日《ひ》　月《がつ》　日《にち》

❶ けんかを した いつきと はやとが つれて いかれた のは、どこですか。

（　　　　）

❷ いつきと はやとは、なか なおりの あとで、どう な りましたか。（　）に あう ことばを かきましょう。

・（　　　　）の グループぎめで、おなじ グループに なった。

つぎの　じかんは、えんそくの
グループぎめでした。すきな　子《こ》どうしの　グループぎめで、二人《ふたり》は
おなじ　グループに　なりました。
「『雨《あめ》　ふって　地《じ》　かたまる』ね。」
と、先生《せんせい》が　いいました。
「雨《あめ》　ふって　地《じ》　かたまる」とは、あらそいごとや　いやな　ことが　あった　あとは、かえって　まえより　よく　なると　いう　いみです。雨《あめ》が　ふると、地《じ》めんは　どろどろに　なります。でも、雨《あめ》が　ふった　あとは、地《じ》めんが　まえよりも　かたく　なる　ことから、この　ことわざは　生《う》まれました。
　だれかと　けんかして　しまった　ときは、この　ことわざを　おもい出《だ》して　みましょう。

❸ 「雨《あめ》　ふって　地《じ》　かたまる」とは、どんな　いみですか。（　）に　あう　ことばを　かきましょう。

・「（　　　　）や　いやな　ことの　あとは、かえって　まえより（　　　　）」と　いう　いみ。

❹ この　おはなしで、「雨《あめ》」に　あたる　ものは、なんですか。三字《さんじ》で　こたえましょう。

14 ころばぬ 先《さき》の つえ

日《にち》よう日《び》。あさごはんを たべて いると、

「きょうは いい 天気《てんき》だから、みんなで ゆうえんちに いこう。」

と、おとうさんが いいました。

「わあ、やったあ。」

ななかと いもうとの きくほは、すぐに じゅんびを はじめました。きくほは、リュックサックに、お気《き》に入《い》りの レインコートを まっ先《さき》に つめて います。ななかが きくほに、

「もう、きくちゃんたら。きょうは いい 天気《てんき》なんだから、レインコートは いらないよ。」

と いって いると、おかあさんが いいました。

読《よ》んだ日《ひ》　月《がつ》　日《にち》

❶ 「ころばぬ 先《さき》の つえ」とは、どんな いみですか。（ ）に あう ことばを かきましょう。

・「（　　　　） しない ように、（　　　　） から よく ちゅういする ことが ひつようだ」と いう いみ。

❷ きくほと ななかに とって、「ころばぬ 先《さき》の つえ」に あたる ものは、なにを

「もって　いっても　いいと　おもうわ。『ころばぬ　先《さき》の　つえ』って　いうし。」

「ころばぬ　先《さき》の　つえ」とは、しっぱいしないように、まえから　よく　ちゅういする　ことがひつようだと　いう　いみです。つまずいて　ころぶ　まえに、つえを　つきなさいと　いう　おしえから　できた　ことわざです。

にた　いみの　ことわざに、「ねんには　ねんを　入《い》れる」が　あります。

「じゃあ、わたしは『ころばぬ　先《さき》の　つえ』で、おかしを　たくさん　もって　いくよ。おなかが　すいたら　こまるからね。」

と　なかが　いうと、

「わたしにも　ちょうだいね！」

と、きくほが　にこにこしながら　いいました。

もって　いく　ことでしたか。それぞれ　こたえましょう。

㋐きくほ

（　　　　）

㋑なかな

（　　　　）

❸「ころばぬ　先《さき》の　つえ」と　にた　いみの　ことわざは、なんですか。

［　　　　］

15 ねこに　小判《こばん》

たべものが　なんでも　おいしい　きせつ、あきに　なりました。みさきの　いえに、しんせきから　まつたけが　おくられて　きました。

「みさき、しってる？　まつたけは、きのこの中《なか》でも　とくべつなのよ。」

おとうさんと　おかあさんは、もり上《あ》がっています。そして、その　日《ひ》の　よる、おかあさんが　まつたけごはんを　たいて　くれました。

「どう？　おいしいでしょう？」

おかあさんが　なんども　きいて　きます。

「べつに……。そんなに　おいしいなら、おとうさんと　おかあさんに、まつたけ　あげる。」

みさきは、こたえました。しいたけとか、しめ

読《よ》んだ日《ひ》　月《がつ》　日《にち》

❶ みさきの　おとうさんは、どんな　ことに　がっかりしたのですか。一《ひと》つに　○を　つけましょう。
ア　みさきが、まつたけの　ねだんを　しらなかった　こと。
イ　みさきが、きのこの　なかまが　にがてな　こと。
ウ　みさきが、まつたけを　よろこばなかった　こと。

❷ 「ねこに　小判《こばん》」とは、どんな　いみですか。（　）に　あう　ことばを　かきましょう。

じとか、きのこの　なかまは　にがてなのです。

「なんだ。みさきに　まつたけは、『ねこに　小判《こばん》』だったな。」

おとうさんが、がっかりしたように　いいました。

「小判《こばん》」とは、むかし　つかわれて　いた　お金《かね》の　ことです。ふつうは、金《きん》で　つくられて　いました。

ねこに　小判《こばん》を　あげても、すこしも　よろこびません。つまり、「ねこに　小判《こばん》」とは、どんなに　ねうちが　ある　ものでも、それを　しらない　人《ひと》に　とっては、なんの　やくにも　立《た》たない　ことと　いう　いみです。
にた　いみの　ことわざに、「ぶたに　しんじゅ」が　あります。

・「どんなに（　　　　）が　ある　ものでも、それを　しらない　人《ひと》に　とっては、なんの（　　　　）こと」と　いう　いみ。

❸「ねこに　小判《こばん》」と　にた　いみの　ことわざは、なんですか。
（　　　　）

16 かべに　耳《みみ》あり　しょうじに　目《め》あり

「いまから、かん字《じ》テストを　かえします。」

と、先生《せんせい》が　いいました。こうきが、かえって
きた　テストを　見《み》ると、三十《さんじっ》てんでした。

学校《がっこう》からの　かえりみち。

「どうしたの？　なんだか　げん気《き》が　ないみたいだけど。」

ともだちの　たいがが、しんぱいそうに　きいて　きました。

「じつは、きょう　かえって　きた　かん字《じ》テストが、三十《さんじっ》てんだったんだ。だれにも　ひみつだよ。うちの　おかあさんにも。」

と、こうきは　はなしました。二人《ふたり》とも、うしろに　となりの　いえの　おばさんが　あるいて

読《よ》んだ日《ひ》　月《がつ》　日《にち》

❶ こうきは、なにを　ひみつに　しようと　しましたか。（　）に　あう　ことばを　かきましょう。

・（　　　）が（　　　）てんだった　こと。

❷ おかあさんが　こうきの　ひみつを　しったのは、だれから　きいたからですか。一《ひと》つに　○を　つけましょう。

いるのには、ちっとも　気《き》が　つきませんでした。

おやつを　たべると、こうきは　かん字《じ》テストの　ことは　わすれて、あそびに　いきました。

ばんごはんの　あとの　ことです。

「こうき、きょう　かえって　きた　かん字《じ》テスト、三十《さんじっ》てんだったんだって？　となりの　おばさんが　おしえて　くれたわ。『かべに　耳《みみ》あり　しょうじに　目《め》あり』なんだからね。」

おかあさんが、こわい　かおで　いいました。

「かべに　耳《みみ》あり　しょうじに　目《め》あり」とは、どこで　だれが　きいたり　見《み》たり　して　いるか　わからないので、ひみつは　もれやすいと　いう　いみの　ことわざです。

それから　こうきは、まい日《にち》　かん字《じ》の　べんきょうを　するように　なりました。

ア　たんにんの　先生《せんせい》。
イ　たいがの　おかあさん。
ウ　となりの　いえの　おばさん。

❸「かべに　耳《みみ》あり　しょうじに　目《め》あり」とは、どんな　いみですか。（　）に　あう　ことばを　かきましょう。

・「どこで　だれが　きいたり（　　）して　いるか　わからないので、（　　）は　もれやすい」と　いう　いみ。

17 やなぎの 下《した》の どじょう

あさ、しんぶんを 見《み》て いた おかあさんが、

「たからくじが あたったわ！」

と、大《おお》きな こえで いいました。

「へえ、一《いっ》とうの 三《さん》おく円《えん》か？」

おとうさんが、にやにやしながら いいました。

「ううん。五《ご》とうの 一《いち》まん円《えん》。でも、はじめて で びっくり。じつは、あたりが 出《で》るので ゆう名《めい》な うりばまで、わざわざ でん車《しゃ》に のって いったのよ。つぎの たからくじも、おなじ うりばで かう ことに するわ！」

おかあさんは、とても こうふんして います。

「いや、つぎは あまり きたいしない ほうが いいんじゃないか。『やなぎの 下《した》の どじょ

読《よ》んだ日《ひ》　月《がつ》　日《にち》

❶ おかあさんは、たからくじで いくら あたりましたか。

（　　　　　　）

❷ おかあさんは、つぎに たからくじを かう とき、どうする つもりでしたか。一《ひと》つに ○を つけましょう。

ア あたらしい うりばに かいに いく。

イ おなじ うりばで もう 一《いち》ど かう。

ウ こんかいよりも たくさん かう。

う』って　いうからな。」
と、おとうさんは　おちついて　いいました。

「やなぎの　下《した》の　どじょう」とは、一《いち》ど　うまく　いったと　しても、おなじ　やりかたで　いつも　うまく　いくとは　かぎらない　ことと　いう　いみの　ことわざです。

これは、やなぎの　木《き》が　生《は》えて　いる　川《かわ》べりで　どじょうを　つかまえたからと　いって、いつも　そこに　どじょうが　いるとは　かぎらないと　いう　ことから　きて　います。

「そうね。たからくじが　あたるなんて、そう　なんども　ない　ことよね。」
おかあさんは、てれたように　わらいました。

❸ 「やなぎの　下《した》の　どじょう」とは、どんな　いみですか。（　）に　あう　ことばを　かきましょう。

・「（　　　　）うまく　いったと　しても、（　　　　）で　いつも　うまく　いくとは　かぎらない　こと」と　いう　いみ。

花《はな》より　だんご

ちあきは、おかあさんと　デパートに　きています。さいきん　きゅうに　せが　のびて、スカートが　みんな　みじかく　なって　しまったので、あたらしい　ものを　かいに　きたのです。

「ちあき、ほしい　スカートは、見《み》つかった?」

「ううん。まだ……。」

へんじを　しながら、ちあきは、かいものの　あとで　たべる　やくそくの　パフェの　ことばかり　かんがえて　いました。かわいい　スカートは　たくさん　ありましたが、*上《うわ》の空《そら》です。

「ねえ、おかあさん。早《はや》く　パフェを　たべに　いこうよ。」

「しかたが　ないわね。じゃあ、先《さき》に　パフェを

❶　ちあきが　スカートを　かう　ことに　なったのは、なぜですか。あう　ほうに　〇を　つけましょう。

ア　かわいい　スカートが　ほしかったから。

イ　せが　のびて、スカートが　みんな　みじかく　なったから。

❷　ちあきが、スカートを　えらびながら　上《うわ》の空《そら》だったのは、なぜですか。（　）に　あう　ことばを　かきましょう。

読《よ》んだ日《ひ》　月《がつ》　日《にち》

たべに　いきましょう。ちあきったら、『花《はな》より　だんご』なのね。」

おかあさんは、あきれた　かおで　いいました。

「花《はな》より　だんご」とは、見《み》て　うつくしい　ものより、じっさいに　やく立《だ》つ　ものの　ほうが　よいと　いう　いみです。さくらの　花《はな》を　ただ　ながめて　いるよりも、花見《はなみ》だんごを　たべて　おなかが　いっぱいに　なる　ほうが　よいと　いう　ことから、この　ことわざは　できました。

　ちあきは、パフェを　たべてから、じっくりと　気《き》に　入《い》った　スカートを　えらびました。

＊上《うわ》の空《そら》……ほかの　ことに　むちゅうに　なって　いて、目《め》の　まえの　ことに　ちゅういが　むかない　ようす。

・（　　　）の　ことばかり　かんがえて　いたから。

❸「花《はな》より　だんご」とは、どんな　いみですか。（　）に　あう　ことばを　かきましょう。

・「見《み》て（　　　）ものより、じっさいに（　　　）ものの　ほうが　よい」と　いう　いみ。

19

あぶ はち とらず

けんたは、かぞくで スーパーに かいものに いきました。けんたの お目《め》あては、この スーパーに ある クレーンゲームです。

スーパーに つくと、けんたは さっそく クレーンゲームの ほうに いそいで はしって いきました。

けんたが もって いる お金《かね》は、百円《ひゃくえん》。この クレーンゲームは、百円《ひゃくえん》で 一《いっ》かいしか できません。

「とりやすそうな いるかを ねらおうかな。でも、となりの きょうりゅうも いいな。」

けんたは なやみました。そして、

「よし！ りょうほう いっしょに とるぞ！」

読《よ》んだ日《ひ》 月《がつ》 日《にち》

❶ けんたは、かぞくで どこに いきましたか。

（　　　　）

❷ けんたは、クレーンゲームで なにを とろうと しましたか。二《ふた》つに ○を つけましょう。

ア はちの ぬいぐるみ。
イ いるかの ぬいぐるみ。
ウ うさぎの ぬいぐるみ。
エ きょうりゅうの ぬいぐるみ。

そう　きめて、お金《かね》を　入《い》れました。でも、ざんねん。どちらも　とる　ことは　できませんでした。

「『あぶ　はち　とらず』だね。」

おとうさんが　いいました。

「あぶ　はち　とらず」とは、虫《むし》の　あぶと　はちの　りょうほうを　つかまえようと　して、どちらも　つかまえられないと　いう　ことから　できた　ことわざです。二《ふた》つの　ものを　一《いち》どに　手《て》に　入《い》れようと　して、どちらも　手《て》に　入《い》れられないと　いう　いみです。

にた　いみの　ことわざに、「二《に》とを　おうものは　一《いっ》とをも　えず」が　あります。「二《に》と」「一《いっ》と」の「と」は、「うさぎ」と　いう　いみです。

❸「あぶ　はち　とらず」とは、どんな　いみですか。（　）に　あう　ことばを　かきましょう。

・「（　　　）を　一《いち》どに　手《て》に　入《い》れようと　して、（　　　）も　手《て》に　入《い》れられない」と　いう　いみ。

❹「あぶ　はち　とらず」と　にた　いみの　ことわざは、なんですか。

【　　　　】

20 どんぐりの せいくらべ

みきと おとうさんは、テレビで 「サッカーチームの あたらしい メンバーを はっぴょうする」と いう ニュースを 見《み》て いました。

「ことしの あたらしい メンバーは、『どんぐりの せいくらべ』って かんじだなあ。」

おとうさんが、すこし ざんねんそうに つぶやきました。

「どんぐりの せいくらべ？」

「うん。ぱっと 目立《めだ》って うまい せんしゅが いないように かんじるんだ。」

「どんぐりの せいくらべ」とは、どれも おなじぐらいで、とくに りっぱな ものが ない

読《よ》んだ日《ひ》　月《がつ》　日《にち》

❶ おとうさんは、なにを 見《み》て、「どんぐりの せいくらべ」と いいましたか。（　）に あう ことばを かきましょう。

・サッカーチームの

（　　　　　）

メンバー。

❷ 「どんぐりの せいくらべ」とは、どんな いみですか。（　）に あう ことばを かきましょう。

ことと いう いみの ことわざです。
おなじ 木《き》の 下《した》に おちて いる どんぐりは、どれも にて いて、それほど 大《おお》きな ちがいが ないと いう ことから 生《う》まれました。
しばらく して みきは、また おとうさんと、サッカーの ニュースを 見《み》て いました。
「あたらしい メンバーの 田中《たなか》せんしゅ、大《だい》かつやくだって。」
みきが いうと、おとうさんは、ちょっと すまなそうな かおで いいました。
「うん、田中《たなか》せんしゅは、あたらしい メンバーの 中《なか》で、ずばぬけて サッカーが うまかったね。まえに 『どんぐりの せいくらべ』 なんて いって、わるかったなあ。」
二人《ふたり》は、かおを 見《み》あわせて わらいました。

・「どれも（　　）ぐらいで、とくに（　　）ものが ない こと」と いう いみ。

❸ この おはなしで、「どんぐりの せいくらべ」に あてはまらなかったのは、だれですか。あう ほうに ○を つけましょう。

ア せんしゅぜんいん
イ 田中《たなか》せんしゅ

21 石《いし》の 上《うえ》にも 三年《さんねん》

あつしの　いえに、しんいちおじさんが　きています。おじさんは、おかあさんの　おとうとです。きょうは、べんごしの　しけんに　ごうかくした　あいさつに　きました。

べんごしの　しけんは、とても　むずかしいそうです。おじさんは、なん年《ねん》も　べんきょうして、やっと　ごうかくしたのです。

「おじさん、おめでとう！」

おじさんは、とても　うれしそうです。

おかあさんが　いいました。

「よかったね。しごとも　しながら、ずっと　べんきょう　がんばって　いたものね。」

読《よ》んだ日《ひ》　月《がつ》　日《にち》

❶ しんいちおじさんは、どんな　人《ひと》ですか。一《ひと》つに　○を　つけましょう。

ア　きんじょの　おじさん。

イ　おとうさんの　おとうと。

ウ　おかあさんの　おとうと。

❷ しんいちおじさんが　ごうかくしたのは、なんの　しけんですか。

（　）に　あう　ことばを　かきましょう。

・（　　　　）の　しけん。

「ずっと　おうえんして　くれて　ありがとう。あきらめないで　本《ほん》とうに　よかった。『石《いし》の上《うえ》にも　三年《さんねん》』だと　がんばったよ。」

おじさんは、てれたように　いいました。

「石《いし》の　上《うえ》にも　三年《さんねん》」とは、どんな　ことでも　しんぼうづよく　おこなえば、かならず　うまく　いくと　いう　いみです。つめたい　石《いし》の上《うえ》でも　がまんして、三年《さんねん》　すわりつづければ、あたたかく　なると　いう　ことから、この　ことわざが　できました。

「あつしくんも、やりたい　ことが　あったら、しんぼうづよく　がんばると　いいよ。かならず、うまく　いくから！」

あつしは、うれしそうに　そう　いう　おじさんを　見《み》て、すてきだなと　おもいました。

❸「石《いし》の　上《うえ》にも　三年《さんねん》」とは、どんな　いみですか。（　）に　あう　ことばを　かきましょう。

・「どんな　ことでも（　　　　）おこなえば、かならず（　　　　）」と　いう　いみ。

22 とらぬ たぬきの かわざんよう

読《よ》んだ日《ひ》　　月《がつ》　　日《にち》

あしたは、はるとの たんじょう日《び》です。おじいちゃんと おばあちゃんも、おいわいに きてくれます。はるとは、うきうきして います。

「プレゼント、たのしみだなあ。おじいちゃんには やきゅうのグローブ、おばあちゃんにはまんが本《ぼん》、おとうさんと おかあさんには ゲームソフトをたのんで いるんだ。もらったら、どれを 一《いち》ばんに しようかなあ……。」

「まあ、『とらぬ たぬきの かわざんよう』ね。」

おかあさんは、あきれて いいました。

「とらぬ たぬきの かわざんよう」とは、まだ

❶ はるとが、おとうさんと おかあさんから もらおうと して いる プレゼントは、なんですか。一《ひと》つに ○を つけましょう。

ア やきゅうの グローブ。

イ まんが本《ぼん》

ウ ゲームソフト

❷ おばあちゃんが たんじょう日《び》に もって きて くれたのは、なんですか。

（　　　　　　　）

手《て》に　して　いない　うちから、あれこれ　あてに　して、けいさんする　ことと　いう　いみです。つかまえても　いない　たぬきの　かわを　いくらで　うろうかと　かんがえる　ことから　できた　ことわざです。

そして、たんじょう日《び》が　やって　きました。

「あっ、やきゅうの　グローブ！　おじいちゃん、ありがとう。」

「これは　ゲームソフトだ！　うれしいな。」

はるとは　大《おお》よろこびです。でも、おばあちゃんから　わたされたのは……、まんが本《ぼん》では　なく、ずかんの　セットでした。

「ずかんかあ……。おばあちゃん、ありがとう！」

はるとは、すこしだけ　がっかりしましたが、ずかんも　おもしろそうだなと　おもいました。

❸「とらぬ　たぬきの　かわざんよう」とは、どんな　いみですか。（　）に　あう　ことばを　かきましょう。

・「まだ　手《て》に　して（　　　　）うちから、あれこれ　あてに　して（　　　　）こと」と　いう　いみ。

23 えに かいた もち

「きょうから、まい日《にち》 十《じっ》キロ はしるぞ！」

かつやの おとうさんは、マラソン大《たい》かいに 出《で》ようと はりきって います。

「十《じっ》キロも？ はしれる わけが ないじゃない！」

おかあさんは、びっくりして いいました。

「よゆうだよ。らいしゅうからは、まい日《にち》 二十《にじっ》キロ はしる けいかくだよ。」

おとうさんは、げん気《き》に 出《で》て いきました。

「おとうさん、もう なん年《ねん》も うんどうして いないのよ。はりきって いるけれど、『えに

読《よ》んだ日《ひ》　月《がつ》　日《にち》

❶ かつやの おとうさんは、なんキロ はしる つもりで 出《で》て いきましたか。一《ひと》つに ○を つけましょう。

ア 十《じっ》キロ

イ 二十《にじっ》キロ

ウ 三十《さんじっ》キロ

❷ 「えに かいた もち」とは、どんな いみですか。（　）に あう ことばを かきましょう。

・「（　　　　）が、

じっさいには

かいた　もち』よ。」

おかあさんは、あきれて　います。

「えに　かいた　もち」とは、すばらしいが、じっさいには　できそうに　ない　けいかくと　いう　いみです。えに　かいた　もちは、どんなに　おいしそうでも　たべられない　ことから　できた　ことわざです。

やっぱり　おとうさんは、すぐに　かえって　きました。そして、あせだくで　いいました。

「ひゃあ。ぜんぜん　はしれなかったよ……。」

「ほら、いった　とおりでしょう。」

おかあさんは　わらって　います。

「まずは　一《いち》キロからだね。ぼくも　いっしょに　はしるよ。」

と、かつやは　おとうさんを　はげましました。

けいかく」と　いう　いみ。
（　　　　）

❸「えに　かいた　もち」とは、どんな　ことから　できた　ことわざですか。一《ひと》つに　○を　つけましょう。
ア　たべたい　もちを、えに　かいた　こと。
イ　えに　かいた　もちは、たべられない　こと。
ウ　えに　かいた　もちを、じっさいに　つくる　こと。

24 みから 出《で》た さび

なつ休《やす》みには、まい日《にち》 にっきを かくと いう しゅくだいが 出《で》て います。でも、その日《ひ》 まなは、プールから かえって くると、つかれて ねむく なって しまいました。おとうさんは、

「にっきは、まい日《にち》 かかないと だめだよ。」

と いいましたが、まなは、

「あした、二日《ふつか》ぶん かくから いいよ。」

と いって、ねて しまいました。つぎの 日《ひ》も、

「また あした やれば いいか。」

と おもって かきませんでした。

それから、にっきを かかない 日《ひ》が なん日《にち》も つづきました。

読《よ》んだ日《ひ》　月《がつ》　日《にち》

❶ まなが にっきを かかなく なったのは、いつからですか。（　）に あう ことばを かきましょう。

・（　　）から かえって きて、つかれて ねむく なり、（　　）しまった 日《ひ》から。

❷ まなが、あわてて ためた ぶんの にっきを かいたのは、いつですか。

とう校日《こうび》の　まえの　ばん。まなは、あわてて
ためた　ぶんの　にっきを　かいて　いました。
「ああ、もう　たいへん……！」
そんな　まなを　見《み》て、
「だから、いったのに。こう
いうのを『みから　出《で》た　さ
び』って　いうんだよ。」
と、おとうさんが　にやにやし
ながら　いいました。

「みから　出《で》た　さび」とは、じぶんが　した
わるい　おこないの　ために、あとで　じぶんが
くるしむ　ことと　いう　いみの　ことわざです。
かたなに　ついた　さびを　おとさないで　いる
うちに、さびが　かたなを　だめに　して　しま
う　ことから、この　ことわざは　できました。

［　　　　　　］

❸「みから　出《で》た　さび」と
は、どんな　いみですか。
（　）に　あう　ことばを
かきましょう。

・「じぶんが　した
（　　　）おこない
の　ために、あとで　じぶ
んが
（　　　）
こと」と　いう　いみ。

25 なさけは 人《ひと》の ためならず

ある 雨《あめ》の 日《ひ》の あさ、さつきは すこしだけ ぬれて、学校《がっこう》に つきました。学校《がっこう》の ちかくで、きんじょの おばあさんに かさを かしたのです。ぬれながら あるいて いた おばあさんは、とても よろこんで いました。さつきは、先《せん》生《せい》に その はなしを しました。

「よい ことを したわね。『なさけは 人《ひと》の ためならず』って いうからね。さつきさんにも きっと、よい ことが かえって くるわ。」

「なさけは 人《ひと》の ためならず」とは、人《ひと》に しんせつに して おけば、いつか じぶんも

読《よ》んだ日《ひ》　月《がつ》　日《にち》

❶ さつきは、だれに どんな しんせつを しましたか。（　）に あう ことばを かきましょう。

・きんじょの（　　　）に（　　　）を かす と いう しんせつ。

❷ さつきは、だれから しんせつに されましたか。

（　　　）

人《ひと》から しんせつに される ことが あると いう いみの ことわざです。

べつの 日《ひ》。こんどは、かさを わすれた さつきが、ぬれながら あるいて いました。雨《あめ》は どんどん つよく なって きます。こまって いると、ちかくの バスていで だれかに よばれました。

「この かさ つかって！ わたしは、これから バスに のって かえる ところだから。」

そう いって かさを かして くれたのは、おなじ クラスの えりでした。

「先生《せんせい》の いった とおりだ！」

さつきは、こころが あたたかく なりました。

❸ 「なさけは 人《ひと》の ためならず」とは、どんな いみですか。一《ひと》つに ○を つけましょう。

ア だれかに しんせつに しすぎると、その 人《ひと》の ために ならない。

イ 人《ひと》に しんせつに しないと、じぶんも しんせつに して もらえない。

ウ 人《ひと》に しんせつに して おけば、じぶんも しんせつに される ことが ある。

26

おにに 金《かな》ぼう

かつほは、サッカークラブに 入《はい》って います。その クラブは、つよい ことで ゆう名《めい》です。

ある 日《ひ》、学校《がっこう》で おなじ クラスの たつしが こえを かけて きました。

「じつは、ぼくも サッカーが すきなんだ。かつほくんの クラブに 入《はい》れたら いいな。」

たつしは、つぎの しゅうの 土《ど》よう日《び》に、サッカークラブに れんしゅうを 見《み》に きました。

「きみも いっしょに やって みないか。」

コーチに いわれて、たつしも れんしゅうに さんかしました。からだが 大《おお》きくて、足《あし》も はやい たつしは、とても 目《め》立《だ》ちました。

「きみが チームに 入《はい》って くれたら、『おに

❶ たつしが、サッカークラブに れんしゅうを 見《み》に きたのは、いつですか。

[ ]

❷ たつしの、どんな ところが 目《め》立《だ》ったのですか。二《ふた》つに ○を つけましょう。

ア こえが 大《おお》きい こと。
イ からだが 大《おお》きい こと。
ウ 足《あし》が はやい こと。
エ 力《ちから》が つよい こと。

読《よ》んだ日《ひ》 月《がつ》 日《にち》

に　金《かな》ぼう』だ。ぜひ　入《はい》って　くれないか。」

コーチは、えがおで　いいました。

「おにに　金《かな》ぼう」とは、もともと　つよい　ものが、さらに　つよく　なる　ことと　いう　いみの　ことわざです。ただでさえ　つよい　おにが、ぶきの　てつの　ぼうを　もつと、ますます　つよく　なると　いう　ことから　生《う》まれました。

「かつほくん、これから　よろしくね。」
たつしが、手《て》を　さし出《だ》しながら、いいました。
「こちらこそ。ぼくも、『金《かな》ぼう』に　なれるように、もっと　れんしゅうを　がんばるよ。」
かつほは、たつしの　手《て》を　にぎりました。

❸「おにに　金《かな》ぼう」とは、どんな　いみですか。（　）に　あう　ことばを　かきましょう。

・「もともと（　　　　）ものが、さらに（　　　　）こと」と　いう　いみ。

27 しっぱいは せいこうの もと

読《よ》んだ日《ひ》　月《がつ》　日《にち》

みかは　いま、おかしづくりに　むちゅうです。

「きょうは、なにを　つくろうかな。そうだ！ケーキが　いいな。」

みかは、おかあさんと　いっしょに　ざいりょうを　じゅんびして、さっそく　はじめました。

まず、ケーキの　きじを　つくりました。それを　かたに　入《い》れて、オーブンで　やきます。

オーブンからは、だんだん　いい　においが　して　きました。みかは、わくわくしながら、まちました。ところが、オーブンから　とり出《だ》した　ケーキは、ぺったんこ。ふくらんで　いませんでした。

「こんな　ケーキ、見《み》た　こと　ないよ。」

みかは、がっかりしました。

❶ みかが、いま　むちゅうに　なって　いるのは、なんですか。

（　　　　）

❷ みかが　つくった　ケーキは、どんな　ようすでしたか。一《ひと》つに　○を　つけましょう。
ア　ふわふわに　ふくらんで　いる　ようす。
イ　ぺったんこで　ふくらんで　いない　ようす。
ウ　ひびわれて　いる　ようす。

「『しっぱいは　せいこうの
もと』と　いうから、げん気《き》
を　出《だ》して。」
おかあさんが、はげまして
くれました。

「しっぱいは　せいこうの
もと」とは、しっぱいを　しても、いままでの
やりかたの　わるい　ところを　なおして　いけ
ば、つぎは　せいこうすると　いう　いみの　こ
とわざです。そこで　みかは、ケーキが　ふくら
まなかった　わけを、本《ほん》で　しらべて　みました。

「たまごの　あわ立《だ》てかたが　足《た》りなかったのか
も！　つぎこそは、おみせで　うって　いるよ
うな、ふわふわの　ケーキを　つくりたいな。」
と、みかは　おもいました。

❸「しっぱいは　せいこうの
もと」とは、どんな　いみで
すか。（　）に　あう　こと
ばを　かきましょう。

・「しっぱいを　しても、い
ままでの　やりかたの
（　　　　　　）を
なおして　いけば、つぎは
せいこうする」と　いう
いみ。

28 きくは　一《いっ》ときの　はじ　きかぬは　一生《いっしょう》の　はじ

はるです。一年生《いちねんせい》は、生《せい》かつかの　じゅぎょうで、のはらへ　出《で》かけました。

「さくらが　きれいだな。」

「なの花《はな》も　さいて　いる！」

みんな　はしゃいで　います。

ひさとが　しつもんしました。

「先生《せんせい》、この　かれ草《くさ》みたいなものは　なんですか？」

その　草《くさ》を　見《み》て、まさきが　いいました。

「それは、つくしだよ！　ひさとくん、つくしをしらなかったの？」

みんなが、どっと　わらったので、ひさとははずかしく　なりました。その　とき、先生《せんせい》が

❶ ひさとは、どんな　ことを　みんなに　わらわれましたか。
（　）に　あう　ことばを　かきましょう。

・（　　　　）を　しら　なかった　こと。

❷ 先生《せんせい》が　おしえて　くれたのは、どんな　ことですか。
一《ひと》つに　○を　つけましょう。

ア　さくらの　花《はな》を　おちゃに　する　こと。

イ　なの花《はな》を　おひたしにして　たべる　こと。

読《よ》んだ日《ひ》　　月《がつ》　　日《にち》

こう　いいました。
「わからない　ことを　きくのは、はずかしい
ことでは　ないわ。『きくは　一《いっ》ときの　はじ
きかぬは　一生《いっしょう》の　はじ』と　いうのよ。」
「きくは　一《いっ》ときの　はじ　きかぬは　一生《いっしょう》の
はじ」とは、しらない　ことを　人《ひと》に　きくのは
はずかしいが、それは　その　ときだけで、きか
なければ　しらない　ままで　一生《いっしょう》　はずかしい
おもいを　すると　いう　いみの　ことわざです。
わからない　ことは、おもいきって、なんでも
きいて　みるのが　よいと　いうのです。
「つくしは、つくだに*などに　して、たべる　こ
とも　できるんですよ。」
と、先生《せんせい》が　おしえて　くれました。ひさとたち
は、つくしを　たくさん　つんで　かえりました。

*つくだに……さかなや　やさいを、しょうゆや　さとうで　につめた　たべもの。

ウ　つくしを　つくだになど
に　して　たべる　こと。

❸「きくは　一《いっ》ときの　はじ
きかぬは　一生《いっしょう》の　はじ」と
は、どんな　いみですか。
（　）に　あう　ことばを
かきましょう。

・「（　　　　）を
人《ひと》に　きくのは　はずかしい
が、きかなければ　ずっと
（　　　　）で、
一生《いっしょう》　はずかしい　おもい
を　する」と　いう　いみ。

29 立《た》つ　とり　あとを　にごさず

「きょうは、一年生《いちねんせい》　さいごの　大《おお》そうじの　日《ひ》です。がんばって　きれいに　しましょう。」と、先生《せんせい》が　いいました。ところが、あしたからはる休《やす》みなので、さとしと　ゆうやは　はしゃいで　います。そうじの　じかんに　なると、ほうきで　たたかいごっこを　はじめました。

「おほん！」

見《み》まわりに　きた　校《こう》ちょう先生《せんせい》が　せきばらいを　しても、ちっとも　気《き》が　つきません。

「こらっ！　やめなさい！」

とうとう、先生《せんせい》の　かみなりが　おちました。

「『立《た》つ　とり　あとを　にごさず』と　いうだろう。あたらしい　一年生《いちねんせい》が　気《き》もちよく　つ

---

❶ さとしと　ゆうやが　はしゃいで　いたのは、なぜですか。（　）に　あう　ことばを　かきましょう。

・あしたから

（　　　　　　　　）だから。

❷ さとしと　ゆうやは、そうじの　じかんに　なにを　はじめましたか。一《ひと》つに　○を　つけましょう。

ア　きょうしつそうじ

イ　たたかいごっこ

ウ　せきばらい

読《よ》んだ日《ひ》　月《がつ》　日《にち》

かえるように、きれいに　そうじするんだよ。」
「立《た》つ　とり　あとを　にごさず」とは、よそに　うつる　ときは、いままで　いた　ばしょを、きちんと　かたづけて　おかなければ　ならないと　いう　いみの　ことわざです。
川《かわ》や　みずうみなど、水《みず》の上《うえ》や、水《みず》の　まわりで　生《せい》かつを　する　とりは、水《みず》を　どろで　にごさないで、きれいに　とびたつ　ことから　できた　ことわざです。
はんせいした　さとしと　ゆうやは、一生《いっしょう》けんめい　がんばって　そうじを　しました。
「きょうしつ、ぴかぴかに　なったね。」
二人《ふたり》の　こころも、はればれと　しました。

❸ 「立《た》つ　とり　あとを　にごさず」とは、どんな　いみですか。（　）に　あう　ことばを　かきましょう。

・「よそに（　　　　）ときは、いままで　いた　ばしょを、きちんと（　　　　）おかなければ　ならない」と　いう　いみ。

答えとアドバイス

おうちの方へ
◎解き終わったら、できるだけ早めに答え合わせをしてあげましょう。
◎まちがった問題は、もう一度やり直させてください。

1 あたま かくして しり かくさず　2〜3ページ

❶ シュークリーム
❷ イ
❸ 一ぶぶん・ぜんぶ

【アドバイス】
❷ 「尻隠さず」の「尻」に当たるものが、口の端に付いたクリームであることを理解させましょう。

2 いそがば まわれ　4〜5ページ

❶ ねぼう
❷ ア
❸ あぶない・あんぜん

【アドバイス】
❷ ときは、「急がば回れ」とは逆に、近道をしてかえって遅くなってしまったことに注目させましょう。

3 ねこの くびに すずを つける　6〜7ページ

❶ ウ
❷ すず
❸ イ
❹ むずかしい

【アドバイス】
❸ 一番年上のねずみの言葉で、いくらいい案でも、猫の首に鈴を付けに行ったら、食べられてしまう危険性があることに気づいたのです。

4 たなから ぼたもち　8〜9ページ

❶ リレー
❷ ぎんちゃん
❸ イ
❹ しあわせ

【アドバイス】
❹ ぎんちゃんが転んだのであかねが勝てたことを指して、「棚からぼた餅」と言っていることを理解させましょう。

5 えびで たいを つる　10〜11ページ

❶ ぶなの　木。
❷ (一ぴきの)　かぶと虫
❸ わずかな　もの
❹ イ

【アドバイス】
❹ 「えび」に当たるのが「かぶと虫」であることも理解させましょう。

6 まけるが かち 12〜13ページ

❶ イ
❷ あいて・かち
❸ イ

【アドバイス】
❸ じゃんけんにわざと負けたことが、「負ける」に当たることも、理解させましょう。

7 さるも 木から おちる 14〜15ページ

❶ ピアノの ばんそう。
❷ ウ
❸ 名人・しっぱい

【アドバイス】
❸ 「猿も木から落ちる」と似た意味のことわざに「河童《かっぱ》の川流れ」や「弘法にも筆の誤り」「上手の手から水が漏る」などがあることを、文章の後半を読んで確認させましょう。

8 なきっつらに はち 16〜17ページ

❶ とりの ふん。
❷ くりの いが。
❸ よく ない こと・かさなる
❹ ア

【アドバイス】
❸ このお話で「泣きっ面《つら》」に当たるのはお父さんの頭に鳥のふんが落ちてきたことで、「蜂」に当たるのは栗のいがまで落ちてきたことです。

9 ちりも つもれば 山と なる 18〜19ページ

❶ ㋐五円 ㋑十円 ㋒二十円
❷ わずかな・大きな
❸ イ

【アドバイス】
❸ ゆいなが、わずかなお小遣《こづか》いをこつこつためたことで、五百円のプレゼントが買えることを理解させます。

10 早おきは 三文の とく 20〜21ページ

❶ おとうさん
❷ ウ
❸ イ
❹ おなじ クラス

【アドバイス】
❸ 「三文」がわずかなお金であることから、「ちょっとしたよいこと」を意味しています。

11 人の ふり 見て わが ふり なおせ 22〜23ページ

❶ ウ
❷ ほかの 人・わるい
❸ パン・ロ

【アドバイス】
❷ 「人の振り見て我が振り直せ」には、「人のよいところは見習うようにする」という意味も含まれていることも教えましょう。

12 かわいい 子には たびを させよ 24～25ページ

❶ りょこう
❷ スイミングスクール
❸ イ
❹ ア

【アドバイス】
❸ このお話で「旅」に当たるのは、まほとあおいの二人だけでスイミングスクールに行くことです。

13 雨 ふって 地 かたまる 26～27ページ

❶ 校ちょうしつ
❷ えんそく
❸ あらそいごと・よく なる
❹ けんか

【アドバイス】
❹ 「地固まる」に当たるのが、遠足のグループ決めで二人が同じグループになったことであることも理解させます。

14 ころばぬ 先の つえ 28～29ページ

❶ しっぱい・まえ
❷ ㋐レインコート
㋑（たくさんの） おかし
❸ ねんには ねんを 入れる

【アドバイス】
❷ 「転ばぬ先のつえ」に当たる具体例が、このお話では二つ挙がっています。

15 ねこに 小判 30～31ページ

❶ ウ
❷ ねうち・やくにも 立たない
❸ ぶたに しんじゅ

【アドバイス】
❷ このお話で「猫」に当たるのはみさき、「小判」に当たるのはまつたけです。みさきはきのこが苦手なので、ちっともありがたみを感じないのです。

16 かべに 耳あり しょうじに 目あり 32～33ページ

❶ かん字テスト・三十
❷ ウ
❸ 見たり・ひみつ

【アドバイス】
❷ このお話で「壁に耳あり」に当たるのは、隣のおばさんがこうきたちの話を聞いていたことです。

17 やなぎの 下の どじょう 34～35ページ

❶ 一まん円
❷ イ
❸ 一ど・おなじ やりかた

【アドバイス】
❷ このお話では、お母さんがまた宝くじが当たるのを期待して、前と同じ売り場で買おうとすることが、「柳の下のどじょう」の具体例です。

18 花より だんご　36〜37ページ

❶ イ
❷ パフェ
❸ うつくしい・やく立つ

【アドバイス】
❸ このお話で「花」に当たるものはスカート、「団子」に当たるものはパフェです。

19 あぶ はち とらず　38〜39ページ

❶ スーパー
❷ イ・エ
❸ 二つの　もの・どちら
❹ 二とを　おう　ものは　一とをもえず

【アドバイス】
❷ けんたが、クレーンゲームで二つのぬいぐるみを取ろうとして取れなかったことが、「虻《あぶ》蜂取らず」の具体例です。

20 どんぐりの せいくらべ　40〜41ページ

❶ あたらしい
❷ おなじ・りっぱな
❸ イ

【アドバイス】
❸ 文章の後半から、後日、田中選手は新しいメンバーの中ではずばぬけてサッカーがうまかったことがわかったことを読み取らせましょう。

21 石の 上にも 三年　42〜43ページ

❶ ウ
❷ べんごし
❸ しんぼうづよく・うまく　いく

【アドバイス】
❸ このお話では、しんいちおじさんが何年もかかって弁護士の試験に合格したことが、「石の上にも三年」の具体例です。

22 とらぬ たぬきの かわざんよう　44〜45ページ

❶ ウ
❷ ずかん（の　セット。）
❸ いない・けいさんする

【アドバイス】
❸ このお話では、はるとがまだ受け取っていない誕生日プレゼントで遊ぶことを考えていることが、「捕らぬたぬきの皮算用」の具体例です。

23 えに かいた もち　46〜47ページ

❶ ア
❷ すばらしい・できそうに　ない
❸ イ

【アドバイス】
❷ このお話では、何年もまともに運動していないお父さんが、いきなり毎日十キロ走ろうと計画したことが、「絵に描いた餅」の具体例です。

24 みから 出た さび 48～49ページ

❶ プール・ねて
❷ とう校日の まえの ばん。
❸ わるい・くるしむ

【アドバイス】
❸ このお話で「身から出たさび」に当たるのは、まなが毎日、日記を書かずにいたために、あとでまとめて書かなければならなくなったことです。

25 なさけは 人の ため ならず 50～51ページ

❶ おばあさん・かさ
❷ （おなじ クラスの） えり
❸ ウ

【アドバイス】
❸ このお話で「情けは人のためならず」に当たるのは、さつきがおばあさんに傘を貸してあげたあと、えりから貸してもらうことになったことです。

26 おにに 金ぼう 52～53ページ

❶ つぎの しゅうの 土よう日。
❷ イ・ウ
❸ つよい・つよく なる

【アドバイス】
❸ このお話で「鬼」に当たるのは強いことで有名なサッカークラブ、「金棒」に当たるのはたつしです。

27 しっぱいは せいこうの もと 54～55ページ

❶ おかしづくり
❷ イ
❸ わるい ところ

【アドバイス】
❸ このお話で「失敗」に当たるのは、みかが焼いたケーキがふくらまなかったことです。その原因を追究し、いつかふわふわのケーキを作れるようになりたいと思っているのです。

28 きくは 一ときの はじ きかぬは 一生の はじ 56～57ページ

❶ つくし
❷ ウ
❸ しらない こと・しらない まま

【アドバイス】
❸ このお話で「聞くは一時の恥」に当たるのは、ひさとがつくしのことを知らなくて、先生に質問したことです。

29 立つ とり あとを にごさず 58～59ページ

❶ はる休み
❷ イ
❸ うつる・かたづけて

【アドバイス】
❸ さとしやゆうやたち今の一年生が、一年間使った教室をきれいにしてから一年生の教室を去ることが、「立つ鳥跡を濁さず」の具体例です。